Wir fahren in die Berge.

Wir fahren im Sommer hin.

Wir fahren im Winter hin.

Wir gehen wandern.

Wir wandern über Hängebrücken.

Der Enzian blüht.

Das Edelweiß blüht.

Hier weiden Kühe.

Es gibt auch Murmeltiere.

Hier klettert ein Steinbock.

Wir beobachten einen Steinadler.

Im Winter können wir Ski fahren.

Wir fahren mit dem Schlepplift.

 Wir wollen zum Gipfel.

Mit der Gondel fahren wir hoch.

In den Bergen ist es schön.